INTRODUÇÃO

Vivemos em um momento histórico em que a Inteligência Artificial (IA) não é mais apenas matéria-prima de filmes de ficção científica, nem um conceito restrito aos laboratórios de grandes empresas de tecnologia. Hoje, a IA está cada vez mais presente em nossas rotinas, impactando desde as pesquisas por voz no smartphone até recomendações de produtos em lojas online. Essa revolução silenciosa já mudou a forma como interagimos com a informação, resolvemos problemas e tomamos decisões no dia a dia.

E por que não aproveitar esse cenário para transformar a inteligência artificial em uma fonte de renda? Neste livro, vou apresentar os 10 caminhos mais fáceis e acessíveis para que você, mesmo sem ser um especialista em tecnologia, possa lucrar com as inúmeras oportunidades que a IA oferece. Aqui, o foco é desmistificar o assunto e mostrar de forma prática, passo a passo, como utilizar ferramentas, plataformas e ideias para aumentar sua receita – seja com produtos, serviços, consultorias ou criações de conteúdo.

Meu objetivo é que você termine esta leitura não apenas compreendendo melhor o que é a inteligência artificial, mas principalmente sentindo-se motivado e preparado para aplicá-la em seus projetos, negócios ou até na criação de uma nova carreira. Não importa se você é um iniciante no assunto ou um empreendedor experiente buscando novas fontes de renda. Ao seguir as estratégias simples e eficazes apresentadas neste livro, você poderá se posicionar à frente da concorrência, enxergando oportunidades que muitos ainda ignoram.

ADONIS DUAN

Prepare-se para mergulhar em um universo de possibilidades e descobrir como a IA pode ser a chave para a prosperidade financeira que você sempre buscou. Seja bem-vindo à era de ganhar dinheiro com Inteligência Artificial!

CAPÍTULO 1 – CRIAÇÃO DE CONTEÚDO AUTOMATIZADO COM IA

A primeira forma de ganhar dinheiro com inteligência artificial que apresentarei é, sem dúvida, uma das mais simples e acessíveis: a criação de conteúdo automatizado. Ao combinar ferramentas de IA capazes de gerar textos, imagens e até mesmo roteiros de vídeo com estratégias de monetização online, você pode aumentar a produtividade da sua produção de conteúdo e, consequentemente, seus lucros.

Por que criar conteúdo com IA?
A internet é um ecossistema onde a demanda por conteúdo de qualidade cresce sem parar. Blogs, sites de nicho, canais no YouTube, perfis em redes sociais e newsletters precisam de um fluxo constante de material atraente e relevante para manter o público engajado. Porém, produzir tudo manualmente pode ser trabalhoso, demorado e custoso. É justamente aí que a inteligência artificial entra em cena.
Ferramentas de geração de conteúdo por IA, hoje acessíveis e fáceis de usar, podem acelerar significativamente o processo de criação, permitindo que você desenvolva artigos, resenhas, posts e até roteiros de vídeo em uma fração do tempo antes necessário. Além disso, com a IA você pode personalizar o estilo, o tom de voz e o

nível de complexidade do texto, moldando o conteúdo conforme as necessidades do seu público-alvo.

Como funciona o processo?

1. **Seleção da Ferramenta:** Comece escolhendo uma plataforma de geração de conteúdo orientada por IA. Há diversas opções no mercado, algumas gratuitas, outras pagas, que oferecem recursos como:
   - Geração de textos curtos (descrições de produto, legendas para redes sociais).
   - Criação de artigos longos e profundos (posts de blog com vários parágrafos, pesquisas de nicho).
   - Sugestões de títulos, subtítulos e palavras-chave.
2. **Definição do Nicho:** Antes mesmo de criar seu primeiro texto, é fundamental ter clareza sobre o nicho ou assunto que você abordará. Quanto mais específico o nicho, maior a chance de atrair um público segmentado, engajado e mais propenso a consumir produtos ou serviços indicados por você. Por exemplo, em vez de um blog genérico sobre saúde, opte por um sobre "nutrição esportiva para corredores amadores"; em vez de um canal de tecnologia abrangente, considere um sobre "acessórios para smartphones".
3. **Uso Estratégico de Palavras-Chave:** As ferramentas de IA geralmente permitem inserir palavras-chave para direcionar a criação do conteúdo. Escolha termos relevantes e populares dentro do nicho, de forma a ajudar seu artigo a se posicionar bem nos mecanismos de busca. Com a geração automatizada, você pode testar diferentes combinações de palavras-chave rapidamente e ajustar conforme observa resultados no tráfego.
4. **Ajustes e Curadoria do Conteúdo:** Embora as ferramentas de IA sejam poderosas, elas ainda não são perfeitas. Sempre revise o material gerado, ajustando trechos para soar mais natural, adicionando exemplos pessoais, histórias envolventes ou dados mais recentes.

Essa curadoria humana é importante para garantir autenticidade e credibilidade ao conteúdo, o que, por sua vez, fortalece a relação com o leitor.

Monetizando seu Conteúdo Automatizado

Uma vez que você começou a produzir conteúdo de qualidade em escala, é hora de pensar na monetização. Existem diversas estratégias para transformar esse trabalho em renda:

1. **Programa de Afiliados:** Cadastre-se em redes de afiliados ou programas diretos de grandes varejistas online. Ao criar conteúdo que mencione produtos ou serviços, você pode inserir links de afiliado. Quando um leitor clicar e realizar a compra, você ganha uma comissão. Com a ajuda da IA, você pode produzir rapidamente resenhas de produtos, guias de compra e comparativos, multiplicando seu poder de influência no processo de decisão do consumidor.
2. **Anúncios e Parcerias:** À medida que seu site ou canal ganha tráfego, é possível exibir anúncios, seja por meio do Google AdSense ou de parcerias diretas com anunciantes. Quanto maior o público, maior a receita. A IA ajuda a manter um fluxo constante de conteúdo e a atrair mais visitantes por meio de um melhor ranqueamento nos motores de busca.
3. **Produtos e Serviços Próprios:** Se você já possui um infoproduto (como um curso online, um e-book ou uma consultoria) ou pretende criar um, o conteúdo automatizado é excelente para gerar material de apoio, posts explicativos e materiais complementares que direcionam o público até sua oferta. Assim, cada conteúdo se torna um funil de vendas em potencial.

Dicas Extras para o Sucesso

- **Variedade de Formatos:** Não limite sua criação apenas ao texto. Use a IA para gerar roteiros de vídeos no YouTube, scripts para podcasts ou descrições atraentes para

postagens no Instagram. Assim, você aumenta o alcance e a abrangência do seu conteúdo.
- **Frequência e Consistência:** Uma das maiores vantagens do conteúdo criado com apoio de IA é a rapidez. Publique com frequência para que seu público espere novidades constantes. Um fluxo constante de material ajuda na fidelização e melhora sua autoridade no nicho.
- **Análise de Resultados:** Acompanhe métricas como tráfego, tempo de permanência na página e taxa de conversão. Ajuste as palavras-chave, os temas abordados e o formato do conteúdo conforme aprende o que seu público mais consome.

Conclusão
A criação de conteúdo automatizado com IA é uma das formas mais simples e eficazes de dar os primeiros passos na geração de renda com inteligência artificial. Ao combinar tecnologia de ponta com estratégias inteligentes de monetização, você pode criar um "motor" de produção que opera em alta velocidade, otimiza o alcance do seu material e aumenta suas chances de lucro, tudo isso enquanto poupa tempo e esforço.
No próximo capítulo, exploraremos outra forma igualmente prática e lucrativa de se beneficiar da IA nos negócios, para que você continue a expandir suas possibilidades e construir uma fonte de renda sólida, sustentável e altamente promissora.

CAPÍTULO 2 – CRIAÇÃO DE CHATBOTS E ASSISTENTES VIRTUAIS PARA NEGÓCIOS

Se há um tipo de aplicação de Inteligência Artificial que já conquistou espaço no mercado, é a dos chatbots e assistentes virtuais. Grandes empresas, bancos, prestadoras de serviços e até pequenos empreendedores adotam esse tipo de solução para melhorar o atendimento ao cliente, responder dúvidas frequentes, e até mesmo efetuar vendas online de forma automatizada. E o melhor de tudo: você não precisa ser um programador experiente para criar e monetizar esses sistemas. Hoje, existem ferramentas intuitivas, com interfaces simples, que permitem que qualquer pessoa desenvolva um chatbot funcional.

Por que investir em chatbots e assistentes virtuais?
A vantagem primordial dos chatbots é a possibilidade de oferecer atendimento imediato, 24 horas por dia, 7 dias por semana, sem a necessidade de um time de suporte humano sempre a postos. Isso reduz custos, melhora a experiência do cliente e aumenta a capacidade de lidar com uma quantidade maior de demandas simultâneas. Empresas já sabem disso e, por isso, a procura por profissionais e serviços de configuração e customização de

assistentes virtuais só cresce.

Para quem deseja ganhar dinheiro com IA, os chatbots representam uma oportunidade considerável:

- Você pode criar soluções personalizadas para pequenas empresas que ainda não têm seus próprios sistemas.
- Pode implementar chatbots em sites de afiliados, respondendo a dúvidas de possíveis clientes e direcionando-os a compras.
- Pode desenvolver versões especializadas em nichos específicos, oferecendo o pacote pronto como um produto digital.

Como criar seu primeiro chatbot com IA sem ser um especialista?

1. **Escolha da Plataforma:** Há diversas ferramentas no mercado, desde as mais simples, focadas em fluxos de conversa pré-programados, até aquelas que utilizam modelos de linguagem avançados (como GPT) para interações mais ricas e naturais. Algumas plataformas conhecidas incluem ManyChat, Chatfuel, Landbot, e até integrações com o WhatsApp Business e Facebook Messenger. Pesquise e escolha a que melhor atende às suas necessidades.
2. **Definição do Objetivo e do Nicho:** Antes de escrever qualquer linha de diálogo, tenha em mente qual é o propósito do chatbot. Será um assistente de atendimento ao cliente para uma clínica de estética? Um vendedor virtual para uma loja online de produtos esportivos? Um suporte técnico básico para clientes de uma empresa de software? Definir o nicho e o objetivo garante que você configure diálogos, fluxos e respostas coerentes.
3. **Mapeamento dos Fluxos de Conversa:** Liste as principais perguntas que os usuários farão e as respostas que o chatbot deve fornecer. Comece simples: "Quais são

os horários de funcionamento?", "Como faço para comprar?", "Qual é o preço do produto X?". A partir daí, adicione complexidade, permitindo ao bot lidar com dúvidas mais específicas.

Muitas ferramentas contam com modelos de IA treinados para reconhecer intenções (intents) e extrair informações-chave das perguntas. Você só precisa fornecer alguns exemplos de perguntas e indicar a resposta adequada. Assim, o próprio sistema aprende a interpretar variações semelhantes.

4. **Personalização e Tom de Voz:** Mesmo que o chatbot seja automatizado, ele representa a "voz" da empresa ou marca. Dê atenção ao tom da linguagem: será mais formal ou mais descontraído? Terá um nome próprio? Uma pequena personalidade pode tornar a interação mais agradável para o usuário.
5. **Integração com Outros Sistemas:** Dependendo da plataforma escolhida, você poderá integrar o chatbot com bancos de dados, sistemas de pagamento, CRM ou plataformas de e-mail marketing. Isso permite criar processos automatizados completos, desde a interação inicial até a conversão em venda ou a coleta de dados do cliente.

Monetizando Chatbots e Assistentes Virtuais

Uma vez que você adquiriu a habilidade de criar chatbots, surgem várias maneiras de transformá-los em fonte de renda:

1. **Serviços de Consultoria e Implementação:** Ofereça seus serviços a pequenos negócios locais, lojas virtuais, prestadores de serviços e profissionais liberais. Você pode cobrar uma taxa pela implementação inicial e, em seguida, uma mensalidade para manutenção, ajustes e melhorias contínuas.
2. **Templates Prontos para Venda:** Crie modelos de chatbots voltados para nichos específicos — por exemplo, um chatbot para restaurantes, outro para

academias, outro para clínicas de estética — e venda esses "pacotes" para empresas do segmento. Essas empresas valorizam a praticidade de obter uma solução pronta para uso e você ganha em escala, vendendo múltiplas licenças.
3. **Afiliados e Vendas Automatizadas:** Se você já trabalha com marketing de afiliados, por que não integrar um chatbot no seu site ou rede social? Ele pode tirar dúvidas dos visitantes, recomendar produtos e, ao final, direcioná-los a links de compra. Cada conversão será uma comissão no seu bolso, tudo isso sem a necessidade de ficar online o tempo todo para responder manualmente.
4. **Suporte Premium e Upgrades:** Ao oferecer um pacote básico gratuito, você pode cobrar por funções avançadas, relatórios detalhados ou integrações com outras plataformas. Assim, ganha tanto com a base de clientes que pagam pelos recursos extras quanto com aqueles que eventualmente migrarem do plano grátis para um plano mais completo.

Dicas Extras para Sucesso nesse Campo

- **Teste Antes de Lançar:** Interaja você mesmo com o chatbot, peça para amigos testarem, corrija erros e refine as respostas. Uma boa experiência inicial aumenta as chances de retenção e satisfação do cliente final.
- **Atualizações Contínuas:** A IA está em constante evolução. Ajuste regularmente as configurações, melhore a base de conhecimento do chatbot e acompanhe as novidades das plataformas usadas.
- **Métricas e Análises:** A maioria das ferramentas oferece estatísticas sobre quantas conversas foram iniciadas, quantos usuários concluíram uma ação e quais perguntas mais aparecem. Use esses dados para otimizar o desempenho do seu chatbot.

Conclusão
Criar e monetizar chatbots e assistentes virtuais é um caminho bastante acessível para lucrar com inteligência artificial. Você não só aproveita o poder da automação, como também agrega valor a empresas e consumidores. Com a popularização das plataformas de criação, os custos e a dificuldade técnica caíram drasticamente, tornando o setor um terreno fértil para empreendedores digitais.

No próximo capítulo, seguiremos explorando novas formas de lucrar com a IA. Assim como o conteúdo automatizado e os chatbots, há um oceano de possibilidades aguardando quem estiver pronto para aproveitá-las. Seja criando soluções personalizadas ou produtos escaláveis, o segredo é entender o potencial da inteligência artificial e usá-lo a seu favor para construir fontes de renda sólidas, duradouras e inovadoras.

CAPÍTULO 3 – CRIAÇÃO DE IMAGENS E DESIGN COM IA

À medida que a Inteligência Artificial avança, sua capacidade de criar não se limita apenas ao texto. Hoje, as máquinas também podem gerar imagens, ilustrações, logos e até artes conceituais de alta qualidade. Isso abre caminho para uma nova fonte de renda: a criação de materiais visuais usando ferramentas baseadas em IA. De peças para redes sociais a capas de livros digitais, passando por logos e elementos gráficos, o potencial é imenso para quem deseja lucrar sem precisar dominar ferramentas complexas de design.

Por que criar imagens com IA?
A produção visual é um componente essencial do marketing digital, do branding e do engajamento nas redes sociais. Ter imagens atrativas é quase um requisito para captar a atenção do público em qualquer plataforma online. No entanto, contratar designers profissionais ou passar horas aprendendo softwares pode ser um obstáculo para quem deseja começar rápido e com baixo custo.

Com as ferramentas de IA voltadas ao design, é possível:

- Gerar artes únicas a partir de descrições de texto (prompting).
- Criar variações rápidas de um mesmo conceito visual, otimizando testes A/B.

- Reduzir o tempo investido na busca por imagens, já que a IA produz conteúdos sob demanda.
- Atender à demanda de pequenos empreendedores, influencers digitais e donos de e-commerce que precisam de elementos visuais, mas não têm orçamento para uma agência de design completa.

Como começar?

1. **Escolha da Ferramenta Certa:** Diversas plataformas de IA já permitem a geração de imagens a partir de comandos de texto. Exemplos incluem Midjourney, DALL·E, Stable Diffusion e outros serviços, alguns pagos e outros gratuitos ou com testes limitados. Faça experimentos com mais de uma ferramenta para descobrir qual oferece o melhor resultado para o estilo de arte que você quer produzir.
2. **Aprenda a Escrever Prompts Eficientes:** Uma habilidade importante nesse processo é a redação dos prompts — as instruções textuais que você fornece à IA para gerar a imagem. Seja claro, detalhado e específico. Indique estilos (foto realista, ilustração, pintura a óleo, traço minimalista), cores, temas e até mesmo referências visuais. Quanto melhor você direcionar a IA, mais próximo do resultado ideal ela chegará.
3. **Criação de um Portfólio Inicial:** Antes de oferecer seus serviços, pratique. Crie algumas artes para nichos específicos, como:
   - Capa de e-book para nicho de saúde e bem-estar.
   - Logo conceitual para uma loja de produtos orgânicos.
   - Imagem de capa para um canal no YouTube sobre tecnologia.
4. Esse portfólio, mesmo que pequeno, servirá para demonstrar suas habilidades, o estilo das imagens que você pode produzir e a qualidade do material gerado.
5. **Identifique Seu Nicho Visual:** Você pode se especializar em certos tipos de imagens. Por exemplo, pode focar em:

- Criação de thumbnails para YouTubers.
- Artes para posts no Instagram para coaches e consultores.
- Ilustrações conceituais para blogs de ficção científica.

6. Ao se tornar um "especialista" em um determinado estilo ou nicho, você agrega valor e diferenciação aos seus serviços.

Monetizando Suas Artes Geradas por IA

Depois de dominar a criação de imagens com IA, é hora de transformar isso em renda:

1. **Serviços de Criação sob Demanda:** Ofereça pacotes de criação de artes para empreendedores, donos de lojas virtuais, blogueiros e influenciadores. Por exemplo, você pode vender um pacote mensal com 10 imagens temáticas prontas para o Instagram. A vantagem é que, com a IA, você produz mais rápido, atendendo mais clientes sem aumentar proporcionalmente o trabalho.
2. **Venda de Templates e Pacotes Prontos:** Crie conjuntos de imagens já otimizadas (como backgrounds, ícones ou padrões) e coloque-os à venda em marketplaces de design, como o Creative Market ou o Etsy. Dessa forma, você cria uma vez e vende várias vezes, gerando uma fonte de renda passiva.
3. **Identidade Visual para Negócios Online:** Ofereça serviços de branding — logotipos, paletas de cores, ícones personalizados — a preços competitivos. Pequenos empresários valorizam soluções rápidas e acessíveis, e você pode atender sua demanda usando a IA para gerar múltiplas opções, refinando até chegar à versão ideal.
4. **Integração com Outros Negócios:** Se você já cria conteúdo automatizado com IA (como mencionado no primeiro capítulo), pode complementar a oferta incluindo artes e imagens personalizadas. Por exemplo, se você escreve posts de blog sobre culinária, pode

oferecer ao cliente imagens únicas, geradas pela IA, para ilustrar as receitas.

Dicas para Maximizar Seus Ganhos

- **Atualize-se Sobre Direitos Autorais:** Verifique as políticas de uso comercial das plataformas de geração de imagens por IA, certificando-se de que pode vender as artes resultantes sem infringir termos de uso ou direitos autorais.
- **Qualidade e Refinamento:** Não se contente com a primeira imagem gerada. Ajuste o prompt, refine a instrução, faça correções. Uma ou duas tentativas a mais podem elevar a qualidade da imagem, tornando seu produto final mais atraente.
- **Feedback dos Clientes:** Pergunte aos clientes o que eles acharam, se gostariam de algum ajuste. A vantagem da IA é que é rápido gerar novas versões com base no retorno recebido, garantindo maior satisfação e, possivelmente, mais indicações.

Conclusão

A criação de imagens e design com IA oferece um mundo de possibilidades lucrativas. Com um pouco de prática na escrita de prompts e exploração das ferramentas disponíveis, você poderá criar artes profissionais sem precisar ser um designer experiente. O resultado é a capacidade de atender a uma demanda crescente por elementos visuais de qualidade, tudo isso de forma rápida, escalável e rentável.

No próximo capítulo, continuaremos explorando novas maneiras de lucrar com a inteligência artificial, ajudando você a expandir ainda mais seu repertório e encontrar o caminho ideal para a sua jornada rumo a uma renda sólida e consistente na era digital.

CAPÍTULO 4 – ANÁLISE DE DADOS E INSIGHTS DE MERCADO COM IA

Em um mundo em que a informação é um ativo de valor inestimável, a capacidade de transformar dados brutos em insights acionáveis é uma das aplicações mais promissoras da Inteligência Artificial. Não faltam empresas, empreendedores e investidores ávidos por entender tendências, prever comportamentos e tomar decisões mais embasadas. É aqui que entra o poder da IA: hoje, é possível analisar grandes quantidades de dados rapidamente, identificando padrões e oportunidades que seriam invisíveis a olho nu. Como resultado, o campo da análise de dados por IA se revela uma excelente forma de ganhar dinheiro, mesmo para quem não é um cientista de dados experiente.

Por que investir em análise de dados com IA?
A cada segundo, bilhões de informações são geradas online: comentários em redes sociais, buscas no Google, dados de vendas em plataformas de e-commerce, métricas de desempenho de campanhas publicitárias, movimentações no mercado financeiro e assim por diante. Ao entender esses dados, você pode oferecer soluções valiosas, como:

- Relatórios de tendências de consumo para lojas virtuais.
- Análises de concorrência para pequenos e médios empreendedores.
- Previsões de demanda e estoque para distribuidores.

- Insights de marketing para influencers e criadores de conteúdo que desejam crescer mais rapidamente.

As empresas estão cada vez mais conscientes de que dados bem analisados oferecem vantagem competitiva. Assim, quem fornece essas análises e relatórios encontra um mercado em franca expansão.

Como começar a analisar dados com IA?

1. **Seleção de Ferramentas Adequadas:** Não é necessário criar modelos de IA do zero. Há plataformas e softwares que simplificam a análise de dados sem exigir vastos conhecimentos técnicos. Exemplos incluem ferramentas de Business Intelligence (BI) integradas a IA, APIs de análise de texto e linguagem natural, soluções de análise preditiva e plataformas de visualização de dados. Pesquise opções como o Google Cloud AutoML, Microsoft Azure ML, Amazon Forecast, ou até ferramentas de análise de sentimentos em redes sociais já prontas para uso.
2. **Definição do Nicho e Tipo de Análise:** Escolha um foco. Você quer atuar com análise de redes sociais para medir a reputação de marcas? Ou talvez prefira lidar com dados de vendas, ajudando lojas online a entender melhor o comportamento de seus clientes? Quem sabe seu interesse seja prever tendências de palavras-chave para criadores de conteúdo no YouTube ou no Instagram. Ao ter um nicho bem definido, fica mais fácil saber que tipo de dados coletar e quais métricas mensurar.
3. **Coleta e Limpeza dos Dados:** A parte inicial do processo envolve coletar informações da fonte certa. Isso pode significar extrair dados de plataformas de e-commerce, baixar relatórios analíticos de redes sociais, ou integrar-se a bancos de dados de clientes. Uma vez com os dados em mãos, é importante limpá-los, removendo duplicatas, corrigindo valores ausentes e padronizando

informações para garantir que a análise seja confiável.
4. **Aplicação de Modelos de IA:** Dependendo da ferramenta escolhida, você poderá aplicar modelos de machine learning pré-treinados ou configurar modelos básicos de análise preditiva. Por exemplo, é possível usar IA para prever a demanda de um produto em períodos específicos do ano, analisar sentimentos em comentários de clientes ou identificar padrões de churn (perda de clientes) em serviços de assinatura.
5. **Visualização e Interpretação dos Resultados:** Uma análise só é útil se os resultados forem fáceis de interpretar. Portanto, use ferramentas de visualização de dados para criar gráficos, tabelas, mapas de calor ou dashboards interativos. Isso permitirá que você apresente o resultado final aos clientes de forma clara e persuasiva.

Monetizando sua Análise de Dados com IA

Uma vez que você domina o processo básico, surge uma série de oportunidades de monetização:

1. **Consultoria para Pequenos e Médios Negócios:** Muitos empreendedores não têm tempo ou habilidade para analisar seus dados. Você pode oferecer relatórios mensais ou trimestrais, mostrando indicadores-chave, apontando onde há espaço para otimizar estratégias de marketing ou cortar custos operacionais.
2. **Relatórios Específicos para Nichos:** Crie relatórios especializados. Por exemplo, um "Relatório Mensal de Tendências de Palavras-Chave no Nicho de Fitness" ou um "Relatório de Análise de Sentimentos sobre Marcas de Cosméticos nas Redes Sociais". Vender esses relatórios sob demanda ou via assinatura é uma excelente forma de renda recorrente.
3. **Ferramentas de Benchmark e Inteligência de Mercado:** Desenvolva templates ou dashboards padronizados, facilmente personalizáveis, que as empresas possam

adquirir. Por exemplo, um painel que cruza dados de vendas, avaliações de clientes e menções em redes sociais, indicando áreas de melhoria. Você cria uma vez e pode vender para diversos clientes, adaptando apenas algumas configurações.
4. **Parcerias com Influenciadores e Criadores de Conteúdo:** Influenciadores muitas vezes não sabem por que certos vídeos fazem mais sucesso que outros ou como prever quais temas atrairão mais público. Ofereça uma análise regular sobre o comportamento da audiência, ajudando-os a direcionar suas estratégias de conteúdo. Eles ganham visibilidade e engajamento, você ganha uma renda mensal estável.

Dicas para Maximizar Seus Ganhos

- **Apresente Valor de Forma Clara:** Quando for oferecer seus serviços, deixe explícito o benefício que a análise proporciona. Não é apenas "entregar um gráfico", mas "mostrar quais produtos têm maior margem de lucro e quais estratégias podem aumentar as vendas em 20%".
- **Aprenda o Básico da Interpretação de Dados:** Mesmo que a IA faça o "trabalho pesado", um diferencial é saber interpretar corretamente os resultados, tirando conclusões úteis para o cliente. Esse toque humano gera credibilidade e valor agregado.
- **Mantenha-se Atualizado:** Ferramentas de análise de dados e IA evoluem constantemente. Fique de olho em novas plataformas, recursos e integrações para oferecer sempre a solução mais eficiente.

Conclusão

A análise de dados e insights de mercado com IA é um verdadeiro pilar da economia digital atual. Com a capacidade de mergulhar em informações complexas e extrair delas orientações estratégicas, você não apenas agrega valor ao cliente final, mas também constrói um negócio sólido e promissor. Seja vendendo relatórios pontuais, painéis interativos ou consultoria contínua, o potencial de crescimento é enorme, especialmente à medida que as empresas reconhecem cada vez mais a importância de decisões data-driven.

No próximo capítulo, continuaremos a explorar novos caminhos para monetizar a inteligência artificial, ajudando você a criar um portfólio diversificado de serviços e produtos que aproveitam o poder dessa tecnologia. Afinal, o conhecimento não para aqui; ainda há muitos horizontes para explorar e dominar.

CAPÍTULO 5 – AUTOMAÇÃO DE MARKETING E PUBLICIDADE COM IA

Se há um setor onde a inteligência artificial vem causando um impacto significativo, é o marketing digital. Desde anúncios segmentados até o envio de campanhas de e-mail personalizadas, a IA simplifica e acelera o processo de alcançar o público certo, no momento certo, com a mensagem ideal. E, onde existe eficiência e resultados mensuráveis, há também oportunidades de lucro. Aprender a usar ferramentas de IA para automatizar marketing e publicidade é, portanto, uma maneira extremamente viável de aumentar a renda.

Por que a IA é tão valiosa no marketing e na publicidade?
O marketing digital moderno é guiado por dados. Informações sobre preferências do consumidor, comportamento de navegação, histórico de compras, engajamento em redes sociais e taxas de abertura de e-mails formam um oceano de insights. A IA analisa esses dados em escala e velocidade impossíveis para um humano, oferecendo recomendações valiosas, segmentando audiências com precisão e automatizando tarefas repetitivas. O resultado? Mais conversões, melhor uso do orçamento publicitário e, claro, mais lucro.

Quer você trabalhe como consultor de marketing, seja um afiliado em busca de maiores conversões, ou um empreendedor dono de e-commerce, a IA pode elevar seus resultados a um novo patamar.

Como começar com automação de marketing e publicidade usando IA?

1. **Seleção de Ferramentas Especializadas:** Há plataformas que integram IA a processos de marketing, desde CRMs inteligentes que recomendam o próximo passo no funil de vendas, até ferramentas de gerenciamento de anúncios que otimizam automaticamente o orçamento entre diferentes campanhas. Procure soluções como HubSpot com recursos de IA, SharpSpring, ou plataformas de automação de anúncios no Facebook e Google Ads que usam machine learning para otimização contínua.
2. **Segmentação de Público e Personalização:** Um ponto-chave da IA é a capacidade de segmentar a audiência com base em comportamentos e padrões avançados. Por exemplo, se você gerencia uma loja online de roupas esportivas, a IA pode identificar padrões de compra entre corredores e ciclistas, sugerindo campanhas personalizadas para cada grupo. Da mesma forma, no e-mail marketing, a IA ajuda a enviar mensagens mais relevantes e no momento ideal, aumentando a taxa de abertura e cliques.
3. **Recomendação de Conteúdo e Produtos:** Muitas ferramentas de IA são capazes de recomendar conteúdo (posts, artigos, vídeos) ou produtos (em lojas virtuais) de forma personalizada, analisando o histórico do usuário. Isso aumenta a probabilidade de venda, fideliza o cliente e cria uma experiência online mais agradável, o que se traduz em maior lucro a longo prazo.
4. **Automação de Tarefas Repetitivas:** Responder e-mails genéricos, enviar lembretes de carrinho abandonado, notificar sobre promoções e ajustar lances em anúncios pagos são tarefas que podem ser automatizadas. A IA

não só executa essas tarefas sem falhas, como também aprende com os resultados, melhorando cada vez mais seu desempenho.

Monetizando a Automação de Marketing com IA

Mais do que aplicar a automação ao seu próprio negócio, você pode transformar suas habilidades em um serviço ou produto lucrativo:

1. **Consultoria em Automação:** Pequenas e médias empresas muitas vezes não sabem por onde começar. Você pode oferecer consultoria para configurar e otimizar sistemas de automação de marketing, cobrando uma taxa pela implementação e manutenção mensal. Isso pode incluir criar fluxos de e-mail marketing, configurar anúncios dinâmicos em redes sociais ou implementar chatbots de vendas (conforme visto no Capítulo 2).
2. **Gestão de Campanhas Publicitárias:** Ofereça serviços de gerenciamento de campanhas de anúncios no Google, Facebook, Instagram, TikTok e outras plataformas. Use a IA para ajustar lances, pausar anúncios de baixo desempenho, criar variações criativas e identificar palavras-chave eficientes. Ao apresentar resultados melhores que os da concorrência, você justifica seus honorários e retém clientes a longo prazo.
3. **Criação de Pacotes de Automação Prontos:** Crie modelos de automação "plug-and-play" para nichos específicos. Por exemplo, um pacote para e-commerces de moda que inclui fluxos de e-mails segmentados, recomendações de produtos por IA e anúncios otimizados no Instagram. Venda esses pacotes a diversos clientes, gerando receita recorrente e escalável.
4. **Integração com Outras Estratégias de IA:** Combine automação de marketing com as técnicas discutidas em capítulos anteriores. Por exemplo, utilize as imagens geradas por IA (Capítulo 3) nas campanhas otimizadas, ou aplique as análises de dados (Capítulo 4) para

entender quais campanhas geram melhores resultados, refinando ainda mais a automação.

Dicas para Maximizar Seus Resultados

- **Teste, Analise e Ajuste:** Mesmo com IA, o marketing requer testes constantes. Experimente diferentes abordagens, monitore métricas, aprimore o público-alvo, refine a linguagem das campanhas. A IA fornece insights, mas a estratégia final ainda depende de você.
- **Métricas Claras e KPIs Alinhados:** Defina metas específicas, como aumento de taxa de conversão, redução de custo por lead ou crescimento na receita mensal. Assim, você avalia objetivamente os resultados e demonstra o valor do seu trabalho aos clientes.
- **Manter-se Atualizado:** As plataformas de marketing digital evoluem continuamente, e a IA aplicada ao marketing também. Aprenda sobre novas integrações, recursos lançados pelos grandes players (Google, Meta, LinkedIn), e mantenha-se antenado às atualizações para oferecer o que há de mais moderno.

Conclusão

A automação de marketing e publicidade com IA é um caminho sólido para transformar dados, ferramentas tecnológicas e estratégias criativas em dinheiro. Ao ajudar empresas a economizar tempo, alcançar as pessoas certas e aumentar as vendas, você cria valor real e tangível. Seja integrando a IA ao seu próprio negócio ou oferecendo soluções a clientes, essa área segue em crescimento e demanda cada vez mais profissionais capazes de unir tecnologia à visão estratégica.

No próximo capítulo, continuaremos explorando outras possibilidades de monetização com IA, ajudando você a construir um leque diversificado de oportunidades, amparando seu negócio nos pilares do futuro digital.

CAPÍTULO 6 – CRIAÇÃO DE CURSOS ONLINE E TREINAMENTOS COM IA

Em um mundo onde a informação se torna obsoleta com rapidez, a educação online representa uma oportunidade de ouro para quem deseja lucrar compartilhando conhecimento. Com a IA, esse mercado se torna ainda mais acessível e escalável. Seja produzindo cursos sobre o uso da própria inteligência artificial ou aplicando-a para criar materiais didáticos e experiências de aprendizagem personalizadas, você encontra um campo fértil para obter renda.

Por que criar cursos e treinamentos com IA?
A educação digital apresenta inúmeras vantagens: não há limitações geográficas, o custo de produção e distribuição é mais baixo que o de um curso presencial e o potencial de público é enorme. Mas como a IA pode ajudar?

- **Produção Mais Rápida de Conteúdo Didático:** Assim como abordamos na criação de conteúdo automatizado (Capítulo 1), a IA pode auxiliar na elaboração de roteiros de aula, materiais complementares e questionários de avaliação, tudo isso de forma ágil e adaptável.
- **Personalização da Experiência de Aprendizagem:** Plataformas de ensino que incorporam IA podem ajustar o ritmo e a complexidade do conteúdo conforme o progresso

do aluno. Isso aumenta a taxa de satisfação, diminui o abandono do curso e melhora a retenção do aluno, aumentando as chances de indicações e vendas futuras.

- **Feedback Imediato e Tutoria Virtual:** Chatbots educacionais podem responder dúvidas comuns, oferecer dicas de estudo e até recomendar módulos específicos, tornando o processo mais interativo e reduzindo a necessidade de suporte humano constante.

Como criar seu primeiro curso online com IA?

1. **Defina o Tópico e o Público-Alvo:** Antes de tudo, escolha um assunto em que você possa agregar valor. Pode ser um curso introdutório sobre "Como Usar IA para Redes Sociais" ou algo mais específico, como "Criação de Imagens Profissionais com Modelos de IA". Identifique o nível de conhecimento do público: iniciantes, intermediários ou avançados?
2. **Planeje o Conteúdo Programático:** Estruture o curso em módulos e aulas. A IA pode ajudar você a gerar os esboços das lições, sugerir títulos atrativos, tópicos complementares e até testes práticos para consolidar o aprendizado. Quanto mais organizado o programa, mais fácil será a produção e mais clara será a proposta de valor para o aluno.
3. **Produção de Materiais com IA:**
   - **Vídeos e Apresentações:** Use a IA para gerar roteiros e, em seguida, grave suas aulas usando slides bem estruturados. Ferramentas de síntese de voz podem ajudar se você não quiser usar a sua própria voz, e a IA pode até criar imagens e animações ilustrativas.
   - **Textos e Leituras Complementares:** A IA pode auxiliar na criação de e-books, apostilas e resumos, facilitando a produção de conteúdo complementar em alta velocidade.
   - **Questionários e Avaliações:** Gerar perguntas práticas, testes de múltipla escolha e estudos de caso

automatizados acelera a criação de material avaliativo.
4. **Plataformas de Hospedagem e IA Educacional:** Existem diversas plataformas para hospedar seu curso, como Udemy, Hotmart, Coursera ou até a criação de um site próprio. Algumas oferecem recursos de IA integrados, como recomendações personalizadas e análise de métricas de engajamento. Avalie qual plataforma oferece o melhor custo-benefício e recursos desejados.
5. **Marketing e Vendas do Curso:** A IA pode novamente ser usada aqui para criar campanhas publicitárias, posts em redes sociais e estratégias de e-mail marketing, segmentando o público com precisão (conforme discutido no Capítulo 5). Além disso, chatbots em páginas de vendas podem responder dúvidas frequentes dos potenciais clientes, aumentando a taxa de conversão.

Monetizando seus Cursos e Treinamentos com IA

1. **Vendas Diretas da Formação:** Ao produzir um curso de qualidade, você pode vendê-lo diretamente em plataformas de ensino ou via seu próprio site. Defina um preço justo, considerando a abrangência do conteúdo, o nível de especialização e o valor prático que o aluno receberá.
2. **Modelos de Assinatura ou Membership:** Em vez de um único curso, crie uma comunidade de assinantes que tenham acesso a todos os seus materiais, incluindo atualizações periódicas, novos módulos e eventuais mentorias em grupo. A IA pode ajudá-lo a alimentar constantemente a biblioteca de conteúdos.
3. **Parcerias com Influenciadores e Especialistas:** Colabore com outros profissionais e influenciadores do seu nicho. A IA pode ajudá-lo a identificar criadores de conteúdo com audiência relevante ou nichos correlatos. Ao oferecer cursos em parceria, você alcança um público maior e compartilha o trabalho de marketing.

4. **Treinamentos In Company:** Empresas estão cada vez mais interessadas em treinar suas equipes em IA. Ofereça treinamentos corporativos sob medida. A IA pode ajudar a personalizar módulos de acordo com o setor, o nível de conhecimento prévio dos colaboradores e os objetivos específicos da empresa.

Dicas para Maximizar a Qualidade e a Lucratividade

- **Interação Humana e Suporte:** Embora a IA seja uma aliada, não subestime o valor do contato humano. Participar de fóruns de discussão, responder pessoalmente a dúvidas complexas e organizar webinars ao vivo cria uma sensação de comunidade e aumenta o valor percebido do seu curso.
- **Atualizações Contínuas:** A área da IA muda rapidamente. Atualize regularmente o material do curso e avise seus alunos quando houver novidades. Isso aumentará a satisfação, a reputação do seu produto e a taxa de indicações.
- **Certificações e Garantias:** Oferecer um certificado digital ou uma garantia de satisfação pode aumentar a confiança do comprador. A IA pode ajudá-lo a entender quais partes do curso geram mais engajamento e, assim, aprimorar continuamente seu conteúdo.

Conclusão

A criação de cursos online e treinamentos utilizando IA se destaca como um caminho viável, escalável e lucrativo para quem deseja monetizar o conhecimento na era digital. Você pode aproveitar a tecnologia para acelerar a produção de conteúdo, personalizar a aprendizagem, otimizar o marketing e ampliar seu alcance. Ao combinar expertise, organização e inteligência artificial, o resultado é um produto educacional mais atrativo, relevante e rentável.

No próximo capítulo, exploraremos mais uma forma de lucrar com IA, garantindo que você tenha um amplo repertório de ideias e estratégias para construir uma carreira ou negócio sustentável apoiado na revolução tecnológica que estamos vivendo.

CAPÍTULO 7 – TRADUÇÃO, LEGENDAS E LOCALIZAÇÃO AUTOMATIZADAS COM IA

Em um mundo cada vez mais globalizado, comunicar-se além das fronteiras linguísticas é uma habilidade altamente valorizada. Conteúdos que antes ficavam restritos a determinados idiomas agora podem atingir públicos internacionais, expandindo a audiência e, consequentemente, as oportunidades de lucro. Nesse contexto, a Inteligência Artificial está revolucionando o setor de traduções, legendagem e localização, permitindo que mesmo quem não seja fluente em outras línguas ofereça serviços e produtos de alcance global.

Por que investir em traduções e localização com IA?
A demanda por conteúdo multilingue é intensa. Empresas querem lançar produtos em diferentes países, criadores de conteúdo buscam alcançar novos públicos, plataformas de ensino desejam ter cursos em várias línguas. A IA, por meio de modelos de processamento de linguagem natural (NLP), tornou a tradução

mais precisa, rápida e acessível. Isso significa:

- **Redução de Custos e Tempo:** Em comparação com as traduções humanas, a IA consegue processar grandes quantidades de texto rapidamente, reduzindo o tempo de entrega e o custo operacional.
- **Acesso a Novos Mercados:** Ao oferecer a versão localizada do seu conteúdo, você pode vendê-lo em mercados antes inacessíveis, aumentando o alcance e a base de clientes.
- **Facilidade de Escala:** Uma vez que você domina as ferramentas, é possível oferecer traduções e legendagens em escala, atendendo vários clientes simultaneamente.

Como começar com traduções e localização via IA?

1. **Escolha da Plataforma de Tradução:** Há diversas ferramentas de tradução por IA, como o Google Cloud Translation, DeepL, Amazon Translate e Microsoft Translator. Teste algumas para verificar qual apresenta o melhor resultado no par de idiomas desejado. Cada uma tem suas peculiaridades e pontos fortes.
2. **Segmentação do Tipo de Conteúdo:**
   - **Textos Web e Postagens de Blog:** Traduza artigos, descrições de produtos e materiais promocionais, permitindo que empresas e empreendedores ampliem sua presença global.
   - **Legendas para Vídeos:** Crie legendas precisas e sincronizadas em múltiplos idiomas para canais no YouTube, cursos online e documentários, tornando o conteúdo acessível a mais pessoas.
   - **Material de Marketing e Vendas:** Traduzir catálogos, e-books, white papers e manuais de usuário amplia o potencial de vendas de produtos digitais e físicos em outros mercados.
3. **Refinamento e Revisão Humana:** Embora a IA seja ótima para o trabalho inicial, uma verificação humana rápida pode melhorar a fluência, corrigir termos

culturais específicos e garantir que as mensagens sejam transmitidas com naturalidade. Esse passo adiciona valor ao serviço e garante a satisfação dos clientes.

4. **Localização e Adaptação Cultural:** Tradução não é apenas trocar palavras. Às vezes, é preciso ajustar expressões e exemplos à cultura local. As ferramentas de IA já auxiliam nesse processo, mas o toque humano faz diferença, especialmente em materiais de marketing e storytelling, onde nuances culturais impactam diretamente a eficácia da mensagem.

Monetizando suas Habilidades de Tradução por IA

1. **Serviços de Tradução para Pequenos Negócios:** Lojas online, infoprodutores e autores independentes precisam de conteúdo traduzido. Ofereça pacotes acessíveis, prazos rápidos e qualidade consistente. A demanda é ampla — de páginas de produto a newsletters, de artigos técnicos a posts em redes sociais.
2. **Legendagem de Vídeos e Cursos:** Muitos criadores de conteúdo desejam alcançar públicos internacionais. Ao oferecer legendagem em vários idiomas, você agrega valor aos clientes, permitindo que seus vídeos e cursos cheguem a novos espectadores, impulsionando visualizações, matrículas e vendas.
3. **Localização de Produtos Digitais:** Jogadores do setor de software, aplicativos, jogos eletrônicos e cursos online frequentemente buscam localizar seus produtos. A IA agiliza o processo, e você pode cobrar pelo pacote completo de adaptação — não apenas a língua, mas também datas, moedas, unidades de medida e referências culturais.
4. **Combinação com Outros Serviços de IA:** Integre a tradução e localização ao seu repertório. Por exemplo, se você já cria conteúdo automatizado (Capítulo 1) ou cursos online (Capítulo 6), ofereça a versão do seu material em outros idiomas, multiplicando as vendas.

Uma só peça de conteúdo pode ser traduzida em vários idiomas e vendida para diferentes públicos.

Dicas para Maximizar a Qualidade e a Credibilidade

- **Crie um Portfólio Multilíngue:** Traduza alguns materiais demonstrativos para montar um portfólio. Isso mostrará aos clientes em potencial a qualidade do seu trabalho.
- **Especialização em Nichos Específicos:** Torne-se conhecido em um nicho. Por exemplo, traduções de conteúdo de tecnologia, saúde, marketing ou educação. Esse foco melhora a qualidade, pois você se familiariza com a terminologia do setor.
- **Acompanhamento Contínuo da Qualidade da IA:** Ferramentas de tradução estão em evolução constante. Mantenha-se atualizado e teste periodicamente novos recursos, garantindo que você ofereça sempre a melhor solução disponível.

Conclusão

A tradução, legendagem e localização automatizadas com IA representam uma chance significativa de expansão de horizontes. Ao tornar o conteúdo acessível em diferentes idiomas, você não só cria novas fontes de renda, mas também ajuda empresas e criadores de conteúdo a alcançar mercados internacionais, fortalecendo seu próprio negócio e o deles. Seja como um tradutor autônomo, um consultor de localização ou um empreendedor que adapta sua própria produção, a IA permite que você ultrapasse fronteiras linguísticas e culturais, alcançando um público verdadeiramente global.

No próximo capítulo, continuaremos explorando outros caminhos para a monetização com IA, ampliando seu repertório de ideias e mostrando que o limite para sua renda pode ser tão vasto quanto o mundo digital que habitamos.

CAPÍTULO 8 – CRIAÇÃO DE ÁUDIO, VOZ SINTÉTICA E AUDIOBOOKS COM IA

A voz humana é um dos meios mais eficazes de transmitir informação e criar conexões emocionais com o público. No entanto, produzir conteúdo de áudio profissional geralmente requer estúdios, microfones de qualidade, editores de som e, claro, locutores bem preparados. Nesse ponto, a inteligência artificial faz toda a diferença: com as ferramentas atuais, é possível gerar narrações naturais, podcasts, áudiolivros e até vozes personalizadas usando IA, simplificando o processo e reduzindo custos.

Por que investir em áudio com IA?
O consumo de conteúdo em áudio está em alta. Podcasts, áudiolivros e assistentes de voz tornam a informação mais acessível, permitindo que as pessoas "consumam" conteúdo enquanto dirigem, fazem exercícios ou realizam tarefas domésticas. Com a IA, você pode:

- **Criar Conteúdo Sonoro em Escala:** Narrar um livro de centenas de páginas ou produzir dezenas de episódios de podcast torna-se mais viável quando a voz sintética faz o trabalho pesado.
- **Economizar Tempo e Dinheiro:** Sem a necessidade de um

estúdio físico ou de locutores profissionais, os custos caem drasticamente. Além disso, o tempo de produção diminui, permitindo que você lance mais conteúdos em menos tempo.

- **Personalizar a Voz:** Algumas ferramentas de IA permitem treinar um modelo de voz em um timbre específico, criando um tipo de "marca registrada" vocal, ou mesmo fazer a narração em múltiplos idiomas a partir do mesmo script.

Como começar a criar áudio com IA?

1. **Seleção da Ferramenta de Voz Sintética:** Existem várias plataformas de conversão de texto em voz (TTS – Text-to-Speech) baseadas em IA, como Amazon Polly, Google Cloud Text-to-Speech, Microsoft Azure Speech e outras. Teste as opções e escolha aquela cuja naturalidade e entonação da voz mais lhe agrade.
2. **Preparação do Roteiro e do Conteúdo:**
   - **Podcasts Automatizados:** Gere roteiros de episódios por IA (conforme descrito no Capítulo 1), depois transforme-os em áudio. Você pode criar uma série de episódios sobre um tema específico ou notícias diárias sobre um nicho.
   - **Áudiolivros e Resumos:** Converta livros públicos (em domínio público) ou seus próprios e-books em áudiolivros, disponibilizando-os em plataformas como Audible ou em seu próprio site.
   - **Treinamentos em Áudio:** Se você produz cursos online (Capítulo 6), por que não oferecer a versão em áudio das aulas? Assim, seus alunos podem estudar em qualquer lugar.
3. **Edição e Refinamento:** Embora a voz sintética tenha evoluído muito, ainda vale a pena revisar o resultado final. Faça pequenos ajustes na entonação, pausas e pronúncias de nomes próprios ou termos técnicos. Pequenos esforços nesse sentido elevam muito a qualidade percebida do produto final.
4. **Variedade de Idiomas:** Caso queira alcançar audiências

internacionais (Capítulo 7), use a IA para gerar narrações em vários idiomas. Assim, você pode oferecer o mesmo conteúdo em inglês, espanhol, francês e outros idiomas, multiplicando seu público-alvo.

Monetizando seu Conteúdo de Áudio com IA

1. **Vendas Diretas de Áudiolivros:** Transforme conteúdos escritos em áudios e disponibilize-os em plataformas de venda ou assinatura. Se você tem direitos sobre um determinado texto, pode criar uma versão em áudio e vendê-la, atraindo o público que prefere aprender ouvindo.
2. **Podcasting com Publicidade:** Crie podcasts informativos, jornalísticos ou de nicho e inclua intervalos de anúncios ou conteúdo patrocinado. Quanto mais ouvintes você conseguir, maior será o interesse de anunciantes, gerando renda publicitária.
3. **Serviços de Narração sob Demanda:** Ofereça narrações automatizadas para outros criadores de conteúdo, autores independentes, cursos online e empresas que precisam de áudioguias ou material de treinamento para funcionários. Você fornece rapidez, custo reduzido e flexibilidade linguística.
4. **Combinação com Outras Estratégias de IA:** Integre o áudio às demais ferramentas e serviços já citados nos capítulos anteriores. Por exemplo, combine conteúdo de voz com chatbots (Capítulo 2), criando assistentes de voz capazes de interagir com o público, responder dúvidas e apresentar ofertas.

Dicas para Maximizar a Qualidade e a Atração de Clientes

- **Marque Presença em Várias Plataformas:** Disponibilize seu conteúdo de áudio no Spotify, Apple Podcasts, YouTube, plataformas de áudiolivros e no seu próprio site. Quanto mais canais, maior a chance de ser encontrado pelo público.
- **Promoção e Engajamento:** Divulgue seu conteúdo de

áudio nas redes sociais, crie newsletters para avisar sobre novos episódios ou lançamentos de áudiolivros, e incentive o feedback da audiência. Comentários dos ouvintes podem ajudá-lo a ajustar o estilo da narração e o tipo de conteúdo oferecido.

- **Qualidade do Texto-Base:** Uma voz sintética de alta qualidade ainda dependerá do bom roteiro. Dedique atenção à revisão do texto antes da conversão. Um conteúdo bem estruturado, fluido e claro resultará em um áudio mais agradável.

Conclusão

A criação de conteúdo em áudio com IA é mais uma rota acessível para lucrar com a inteligência artificial. Ao unir a praticidade da voz sintética à demanda crescente por áudios de qualidade, você atinge diversos públicos, diversifica suas fontes de renda e fortalece sua presença digital. Quer você opte por áudiolivros, podcasts, materiais de treinamento ou narrações sob encomenda, as ferramentas disponíveis hoje tornam a produção sonora escalável, acessível e, acima de tudo, lucrativa.

No próximo capítulo, continuaremos explorando outras oportunidades, expandindo ainda mais o repertório de maneiras fáceis e eficazes de utilizar a IA para gerar renda no mundo conectado em que vivemos.

CAPÍTULO 9 – CRIAÇÃO DE FERRAMENTAS, APLICATIVOS E SOLUÇÕES CUSTOMIZADAS SEM CÓDIGO USANDO IA

A tecnologia no-code (sem código) e low-code tem democratizado o desenvolvimento de aplicativos e soluções digitais, permitindo que pessoas sem formação em programação criem produtos funcionais e úteis. Quando combinamos essa acessibilidade com a inteligência artificial, abrimos um novo leque de oportunidades para ganhar dinheiro. Agora, não é mais preciso ser um engenheiro de software ou um especialista em machine learning para desenvolver ferramentas personalizadas que resolvam problemas reais – a IA e as plataformas sem código facilitam o processo.

Por que criar soluções personalizadas com IA sem escrever código?
Tradicionalmente, desenvolver um aplicativo ou um software sob medida exigia uma equipe técnica especializada, tempo e um investimento financeiro considerável. Hoje, existe uma gama de

plataformas intuitivas que integram modelos de IA prontos para uso, possibilitando:

- **Rápida Criação de Protótipos:** Teste ideias em questão de horas ou dias, não meses.
- **Baixo Custo Inicial:** Ao evitar a contratação de desenvolvedores e a escrita extensa de código, você minimiza o investimento inicial.
- **Agilidade na Iteração:** Ajuste, aprimore e adicione novas funções com facilidade, conforme recebe feedback de clientes e usuários.

Como começar a desenvolver soluções sem código com IA?

1. **Escolha da Plataforma sem Código:** Há diversas ferramentas que permitem criar aplicativos web e mobile sem escrever linhas complexas de programação. Plataformas como Bubble, Glide, Adalo ou Webflow, por exemplo, oferecem integração com APIs de IA, possibilitando incorporar recursos inteligentes de forma simples. Algumas também já vêm com plugins ou extensões de IA nativas.
2. **Identifique um Problema Real:** Antes de construir qualquer ferramenta, reflita sobre o problema que deseja resolver. Pode ser um aplicativo de recomendação de produtos para e-commerce, uma plataforma de análise de currículos para recrutadores, um sistema de classificação automática de documentos para profissionais liberais ou um assistente de produtividade que organiza agendas e tarefas. Entender o desafio do usuário final é o primeiro passo para criar uma solução valiosa.
3. **Integração de IA Pronta-para-Uso:** Em vez de desenvolver modelos de IA do zero, utilize APIs fornecidas por empresas como a OpenAI, Google, Microsoft ou Amazon. Você pode incorporar recursos de processamento de linguagem natural, análise de

imagem, classificação de dados e muito mais. Isso simplifica o desenvolvimento e reduz a complexidade técnica.
4. **Iteração e Testes Contínuos:** Crie uma versão inicial (MVP) do seu aplicativo e teste com um pequeno grupo de usuários. Colete feedback, identifique pontos fortes e fracos e aplique melhorias rapidamente. A combinação de plataformas sem código com IA facilita essa evolução iterativa.

Monetizando suas Soluções Personalizadas de IA

1. **Vendas Diretas ou Assinaturas:** Desenvolva uma ferramenta útil para um nicho específico – por exemplo, um aplicativo que gera relatórios automatizados para consultores financeiros ou um sistema que organiza catálogos de produtos para pequenas lojas virtuais – e ofereça-o como produto pago. Você pode cobrar uma taxa única ou um modelo de assinatura mensal.
2. **Soluções White-Label:** Crie aplicativos genéricos que possam ser facilmente customizados para diferentes clientes. Por exemplo, um chatbot especializado em responder dúvidas de consumidores de um setor específico, que possa receber o logotipo, cores e informações de cada novo cliente. Ao vender soluções white-label, você ganha escala, atendendo diversos negócios ao mesmo tempo.
3. **Parcerias com Profissionais e Agências:** Muitas agências de marketing, consultorias e empreendedores digitais buscam soluções prontas para otimizar processos. Ofereça sua ferramenta ou aplicativo como parte do pacote de serviços dessas empresas, dividindo a receita ou cobrando uma taxa por instalação.
4. **Marketplaces de Ferramentas Digitais:** Plataformas que reúnem soluções digitais prontas (como templates, plugins, extensões) estão em alta. Disponibilize seu produto em marketplaces especializados, ampliando seu

alcance e garantindo uma fonte de renda extra com menor esforço de marketing.

Dicas para Maximizar seu Potencial de Lucro

- **Foco no Nicho:** É mais fácil conquistar clientes oferecendo uma ferramenta muito bem adaptada às necessidades de um público específico do que tentar agradar a todos.
- **Documentação e Suporte:** Mesmo sendo uma solução sem código, alguns clientes precisarão de orientação para utilizar sua ferramenta. Disponibilize tutoriais, FAQs, vídeos e um canal de suporte. Isso aumenta a satisfação e diminui a taxa de cancelamento.
- **Atualizações Constantes:** A IA está em rápida evolução. Mantenha-se atualizado sobre novos modelos, APIs e recursos. Ao implementar melhorias e novas funcionalidades, você retém clientes e aumenta seu valor de mercado.

Conclusão

A criação de aplicativos e soluções personalizadas com IA, sem a necessidade de programar, representa um caminho poderoso e acessível para gerar renda. Essa abordagem combina flexibilidade, rapidez e baixo custo, permitindo que você teste ideias, lance produtos e explore nichos de mercado antes ignorados. Ao aplicar estratégias inteligentes de monetização e refinar continuamente suas ferramentas, você estabelece uma fonte de renda escalável e sustentável na economia digital.

No próximo (e último) capítulo, encerraremos esta jornada, revisando as dez maneiras mais fáceis de ganhar dinheiro com IA e fornecendo dicas finais para consolidar suas estratégias, criar sinergias entre elas e aproveitar ao máximo todas as oportunidades que a inteligência artificial oferece.

CAPÍTULO 10 – CONSULTORIA E MENTORIA EM IA: TRANSFORMANDO CONHECIMENTO EM AUTORIDADE E LUCRO

Chegamos ao último dos dez caminhos mais fáceis de ganhar dinheiro com inteligência artificial, e este encerra o ciclo de forma estratégica: consultoria e mentoria em IA. Ao longo dos capítulos anteriores, você aprendeu a criar conteúdo, produtos, serviços e soluções com o apoio da tecnologia. Mas existe também a possibilidade de monetizar o conhecimento e a experiência adquirida, tornando-se uma referência para pessoas e empresas que desejam entender e aplicar a IA em seus próprios contextos.

Por que investir em consultoria e mentoria em IA?
À medida que a inteligência artificial se populariza, cresce o número de empreendedores, profissionais e empresas interessados em utilizá-la para impulsionar resultados. Porém, muitos não têm ideia de por onde começar. É neste ponto que um consultor ou mentor em IA se torna valioso: ao orientar, diagnosticar problemas, indicar ferramentas, sugerir estratégias

de implementação e acompanhar a evolução de projetos.

O consultor de IA não precisa ser um desenvolvedor experiente ou um cientista de dados de renome. A ideia aqui é aproveitar o repertório construído a partir dos passos apresentados nos capítulos anteriores para guiar terceiros em sua jornada. É a oportunidade de transformar seu aprendizado em serviço, tornando-se uma ponte entre a tecnologia e quem precisa dela para crescer.

Como tornar-se consultor ou mentor em IA?

1. **Especialização em um Nicho:** Você não precisa dominar todas as áreas da IA. Pelo contrário, focar em um nicho pode ser mais vantajoso. Por exemplo, você pode se tornar um consultor especializado em criar estratégias de marketing automatizadas com IA (Capítulo 5), ou em implantar chatbots e assistentes virtuais para pequenas empresas (Capítulo 2). Ao se posicionar como especialista em um problema específico, você aumenta seu valor percebido.

2. **Desenvolvimento de um Método Próprio:** Crie um passo a passo, um framework ou um método claro que ajude seus clientes a entenderem a jornada. Por exemplo, um método de quatro etapas para implementar análise de dados (Capítulo 4) em um negócio de varejo. Esse método será seu diferencial, sua "assinatura", o que facilita a comunicação do valor do seu trabalho.

3. **Portfólio e Estudos de Caso:** Apresente exemplos práticos do que você já fez — seja em projetos próprios ou em casos de teste. Se você criou um chatbot para um cliente, mostre o antes e o depois, os resultados obtidos. Se ajudou um autor a transformar seu livro em um audiolivro com IA (Capítulo 8), demonstre a melhora na distribuição e no engajamento do público. Estudos de caso concretizam o valor do seu serviço.

4. **Networking e Presença Online:** Marque presença em

redes sociais, publicando dicas, artigos e vídeos curtos sobre o nicho da IA em que você atua. Participe de grupos, fóruns e eventos online. Ao gerar conteúdo de valor, você atrai potenciais clientes, consolida sua autoridade e abre portas para oportunidades maiores, como palestras e workshops pagos.

5. **Sessões de Mentoria e Consultoria Personalizada:** Ofereça pacotes de mentoria por horas ou consultorias de projeto. Por exemplo, um pacote de consultoria de um mês, incluindo análise do negócio do cliente, recomendações de ferramentas de IA, um plano de implementação e uma sessão final de perguntas e respostas. Com o tempo, ao acumular resultados positivos, você pode aumentar seus honorários e atrair clientes de maior porte.

Monetizando Consultoria e Mentoria em IA

1. **Consultoria Pontual e Projetos de Curto Prazo:** Solucione problemas específicos, como escolher as melhores ferramentas de criação de conteúdo (Capítulo 1) ou criar uma estratégia rápida de localização (Capítulo 7) para um lançamento internacional de produto.
2. **Mentorias de Longo Prazo e Assinaturas:** Ofereça um plano contínuo de acompanhamento, orientando o cliente a cada etapa da evolução do uso de IA no negócio. Cobrar uma assinatura mensal ou trimestral garante renda recorrente.
3. **Programas de Treinamento Interno em Empresas:** Muitas empresas querem treinar suas equipes para usar IA no dia a dia. Você pode oferecer workshops internos, apresentações, cursos customizados (Capítulo 6) e acompanhar as equipes na aplicação prática da tecnologia.
4. **Comunidades Pagas e Materiais Exclusivos:** Crie uma comunidade online exclusiva para clientes, com conteúdos atualizados, webinars semanais, templates

prontos (Capítulo 9) e acesso direto às suas orientações. Essa estratégia combina consultoria, educação e suporte continuado.

Dicas para Construir Autoridade e Confiabilidade

- **Compartilhe Resultados e Depoimentos:** Nada valida mais o seu trabalho que o sucesso dos clientes. Peça depoimentos e compartilhe-os, mostrando seu impacto real.
- **Atualize-se Constantemente:** A IA evolui rapidamente. Acompanhe as novidades, teste novas ferramentas, leia sobre cases de sucesso. Quanto mais atualizado você estiver, mais relevante será seu aconselhamento.
- **Equilíbrio entre Teoria e Prática:** Oferecer recomendações práticas, passo a passo, torna o seu trabalho mais valioso. Clientes buscam soluções objetivas e acionáveis, não apenas conceitos abstratos.

Conclusão: Unindo Todos os Caminhos

A consultoria e a mentoria em IA se beneficiam de tudo que você aprendeu nos capítulos anteriores. Você pode indicar ferramentas de conteúdo automatizado, chatbots, análise de dados, cursos, traduções, áudios e aplicações sem código, ajudando seus clientes a navegar nesse universo complexo e tirar o máximo proveito da tecnologia. Assim, além de lucrar com suas próprias implementações, você monetiza seu conhecimento, posicionando-se como autoridade e parceira(o) estratégica(o) no sucesso de outras pessoas e empresas.

Nos capítulos anteriores, apresentamos dez caminhos fáceis e acessíveis para ganhar dinheiro com inteligência artificial. Agora, a chave é combinar essas ideias de forma criativa, alinhando-as às suas habilidades, recursos e objetivos. Ao finalizar esta obra, você tem diante de si um cenário repleto de possibilidades: escolha o caminho que mais se adequa ao seu perfil, teste, aprimore e expanda gradualmente, construindo, passo a passo, uma fonte de renda sólida e duradoura na era da inteligência artificial.

Epílogo – Consolidando sua Jornada e Olhando para o Futuro

Chegamos ao final desta obra. Ao longo de dez capítulos, você explorou dez caminhos acessíveis para ganhar dinheiro com Inteligência Artificial. Desde a criação de conteúdo automatizado até a consultoria especializada em IA, passando por chatbots, análise de dados, design, marketing automatizado, cursos online, traduções, conteúdo em áudio e desenvolvimento de soluções sem código, cada estratégia apresentada se mostra capaz de gerar renda de forma independente e sustentável.

O que fazer agora que você chegou ao fim da leitura? Aqui estão algumas reflexões e orientações para guiar seus próximos passos:

1. **Selecione o Caminho Mais Adequado ao Seu Perfil:** Você não precisa tentar todas as estratégias de uma só vez. Releia os capítulos, identifique qual caminho mais combina com suas habilidades, interesses e disponibilidade. Talvez você já atue em marketing e queira integrar a IA para otimizar campanhas; ou quem sabe é um criador de conteúdo que pode aproveitar a automação de textos e imagens.
2. **Comece Pequeno e Escale aos Poucos:** Use as ferramentas e técnicas aprendidas para lançar um primeiro produto ou serviço simples. Pode ser um blog com conteúdo gerado por IA, uma pequena consultoria para um cliente local ou um pacote básico de templates visuais. Conforme ganhar experiência, ajuste sua oferta, melhore o valor entregue e, aos poucos, amplie sua cartela de clientes e projetos.
3. **Combine Estratégias para Maximizar Resultados:** A mágica acontece quando você integra várias abordagens. Por exemplo, associe a criação de conteúdo automatizado (Capítulo 1) à monetização por meio de marketing automatizado (Capítulo 5). Ou desenvolva cursos online (Capítulo 6) e ofereça a versão localizada

(Capítulo 7) para expandir seu público em outros países. A Inteligência Artificial não é apenas uma tecnologia isolada, mas uma ferramenta versátil que pode compor um ecossistema lucrativo.

4. **Mantenha-se Atualizado:** A IA evolui rapidamente. Novas plataformas surgem, modelos de linguagem e imagem são aprimorados, e as demandas do mercado se transformam. Faça da educação contínua um hábito. Teste novas ferramentas, participe de comunidades online, leia notícias do setor e acompanhe tendências.
5. **Foque em Oferecer Valor Real:** No fim das contas, a tecnologia é um meio, não um fim. Seus clientes, leitores, alunos ou parceiros estão em busca de soluções para problemas reais. Ao dominar a IA, você tem o poder de simplificar processos, economizar tempo, reduzir custos, aumentar vendas e melhorar experiências. Concentre-se em gerar um impacto positivo na vida das pessoas — o lucro será consequência.

O Futuro é Seu

A Inteligência Artificial não é mais apenas uma promessa distante. Ela já se encontra disponível e acessível, pronta para impulsionar a inovação e o empreendedorismo. Ao aplicar as ideias compartilhadas nestes capítulos, você dará um passo significativo na direção de um futuro financeiramente mais próspero e profissionalmente recompensador.

Lembre-se: o sucesso não acontece do dia para a noite, mas sim a partir da soma de escolhas inteligentes, trabalho consistente e visão estratégica. Agora que você tem em mãos o conhecimento e as ferramentas, o próximo capítulo da sua história quem escreve é você. Abra novas portas, arrisque-se, aprenda com cada experiência e construa a trajetória de sucesso que a era da inteligência artificial tornou possível.

www.ingramcontent.com/pod-product-compliance
Lightning Source LLC
Chambersburg PA
CBHW070949220526
45471CB00007B/2956